SOCRÁTICAS

JOSÉ PAULO PAES

Socráticas
Poemas

1ª reimpressão

Copyright © 2001 by Dorothea Costa Paes da Silva

Capa
Raul Loureiro

Foto de capa
Eduardo Ortega

Preparação
Márcia Copola

Revisão
Beatriz de Freitas Moreira
Isabel Jorge Cury

Dados Internacionais de Catalogação na Publicação (CIP)
Câmara Brasileira do Livro, SP, Brasil

Paes, José Paulo Paes, 1926-1998
   Socráticas: poemas / José Paulo Paes – São Paulo: Companhia das Letras, 2001.

   ISBN 978-85-359-0116-0

   1. Poesia brasileira I. Título

01-1448   CDD-869.915

Índices para catálogo sistemático:
1. Poesia: Século 20: Literatura brasileira 869.915
2. Século 20: Poesia: Literatura brasileira 869.915

[2008]
Todos os direitos desta edição reservados à
EDITORA SCHWARCZ LTDA.
Rua Bandeira Paulista 702 cj. 32
04532-002 – São Paulo – SP
Telefone (11) 3707-3500
Fax (11) 3707-3501
www.companhiadasletras.com.br

Para a Dora
com toda razão e desrazão

— *¡Ilolológico!* — *gritaba el titeritero*
a punto de arrancar-se los pelos de la rabia.
— *¡Relógico! ¡Relógico! ¡Recontralógico!*
¡Raquetecontrarrelógico!

Miguel Ángel Asturias, *El señor presidente*

Sumário

Apresentação, 13

ALPHA

Skepsis, 17
Os filhos de Nietzsche, 19
O piolho, de Aristóteles a Freud, 21
Apocalipse, 23
Anacronia, 25
Fenomenologia da resignação, 27
Fenomenologia da humildade, 29
Fenomenologia do dogma, 31
Aporia da vanguarda, 33
Do credo neoliberal, 35
Celebridade, 37
Lição de coisas, 39
Estratégia, 41
Descartes e o computador, 43

BETA

Borboleta, 47
Elogio da memória, 49
Gobelin, 51
Sobre uma foto de José Botelho, 53
Momento, 55
Opção, 57
Do evangelho de são Jerônimo, 59
Promissória ao bom Deus, 61
Duas refábulas
    Cigarra, Formiga & Cia., 63
    Altos e baixos, 64
Salomé, 65
Perguntas, 67

GAMMA

A braços com um problema, 71
Desencontros, 73
Glauco, 75
Ex-impromptu, 77
De malas prontas, 79
Prudência, 81
Still life, 83
Strip-tease, 85
Teologia, 87
Auto-epitáfio nº 2, 89

Dúvida, 91

Apresentação

Minha convivência com José Paulo Paes foi longa, intensa e feliz. Trinta e cinco anos de encontros amiudados, conversas sem fim, descobertas, leituras e paixões comuns, afinidades, convergências e, fazendo parte do ritual da amizade, tácitas distâncias.

Presente, sempre, a crença comum na necessidade cada vez mais premente da Poesia que, no entanto, o seu estóico ceticismo sabia ser "voz clamante no deserto" no meio da opulência obscena de signos e coisas sem sentido que atulham a cidade pós-moderna.

Desta cidade poenta e ruidosa José Paulo Paes quis e soube ser uma espécie de Sócrates em tom menor: a consciência vigilante que interroga e incomoda, ao encalço de uma verdade tão ácida e aguda que não poupa nada nem ninguém, nem mesmo o próprio *eu* que a busca como um Pascal sem esperança, *en gémissant*.

As *Socráticas*, publicadas postumamente, soam como um recado joco-sério aos que ficaram, e que são convidados (como queria o primeiro dos filósofos) a aprender a morrer com a mesma dignidade dos que souberam viver. "Dúvida" é um poema encontrado por Dora no computador do poeta. Sabe-se que foi composto na véspera de sua morte. Pronto e perfeito como tudo o que saía de suas mãos. Avulso embora, o poema convém no espírito e na letra ao corpo destas *Socráticas*. Daí, a justeza da sua inclusão no livro derradeiro de José Paulo Paes.

Alfredo Bosi

ALPHA

Skepsis

"Dois e dois são três" disse o louco.

"Não são não!" berrou o tolo.

"Talvez sejam" resmungou o sábio.

Os filhos de Nietzsche

— Deus está morto, tudo é permitido!

— Mas que chatice!

O piolho, de Aristóteles a Freud

catarse:

catar-se

Apocalipse

o dia em que cada
habitante da China
tiver o seu volkswagen

Anacronia

— Desculpe: sou hetero.

Fenomenologia da resignação

1 Comigo isso jamais aconteceria.

2 Se acontecer, eu sei o que fazer.

3 Da próxima vez não vai ser tão fácil.

4 Quem já não passou por isso?

Fenomenologia da humildade

Se queres te sentir gigante, fica perto de um anão.

Se queres te sentir anão, fica perto de um gigante.

Se queres te sentir alguém, fica perto de ninguém.

Se queres te sentir ninguém, fica perto de ti mesmo.

Fenomenologia do dogma

Só isto é invenção: o resto é diluição.

Isto é diluição: só o resto é invenção.

Isto é o resto.

Aporia da vanguarda

Nada envelhece tão depressa quanto a novidade.

Só o que já nasceu velho é que não envelhece.

Do credo neoliberal

laissez faire

sauve qui peut!

Celebridade

para Raduan Nassar

Eu sou o poeta mais importante
da minha rua.

(Mesmo porque a minha rua
é curta.)

Lição de coisas

também para Raduan Nassar

Uma nêspera branca!
Transtornou-se acaso a ordem do universo?

Mordo-lhe a polpa: o mesmo
gosto das nêsperas amarelas.

Tudo é superfície.

Estratégia

Fica na minha sombra
não te salientes
que quando eu ganhar o prêmio Nobel
te dou um pedaço.

Descartes e o computador

Você pensa que pensa
ou sou eu quem pensa
que você pensa?

Você pensa o que eu penso
ou eu é que penso
o que você pensa?

Bem, vamos deixar a questão em suspenso
enquanto você pensa se já pensa
e eu penso se ainda penso.

BETA

Borboleta

Mal saíra do casulo
para mostrar ao sol
o esplendor de suas asas
um pé distraído a pisou.

(A visão da beleza
dura um só instante
inesquecível.)

Elogio da memória

O funil da ampulheta
apressa, retardando-a,
a queda
da areia.

Nisso imita o jogo
manhoso
de certos momentos
que se vão embora
quando mais queríamos
que ficassem.

Gobelin

O que propõe o clavicórdio
à flauta de Laura Rónai?
Um bastidor onde ela possa
bordar os seus arabescos

que, unindo o calor do sopro
à frieza da corda, trazem
de volta o espírito amável
do século XVIII, quando

o horror da guerra se embuçava
em partidas de xadrez,
e a dor da vida se aguava
em aquarelas melancólicas

e as incertezas do amor
fingiam sujeitar-se às regras
de um jogo de cabra-cega
por jardins rococós nos quais

as sonatas de cristal
de Hotteterre, Devienne e os Bach
faziam tão verdadeira
a mentira pastoral.

Sobre uma foto de José Botelho

Junto à displicência
do cigarro aceso,

esse pé na janela
tem o ar domingueiro

de uma raiz que fugisse
à escureza do chão

para um instante abrir-se
em copa de árvore aos ventos

e aos pássaros antes
de, ainda quente

de sol, bêbada de azul,
voltar à dureza da gleba.

Momento

Visto assim do alto
no cair da tarde
o automóvel imóvel
sob os galhos da árvore
parece estar rumo
a algum outro lugar
onde abolida a própria
idéia de viagem
as coisas pudessem
livremente se entregar
ao gosto inato
da dissolução — e é noite.

Opção

Seja para uma platéia de muitos
ou de um só espectador
aos atores incumbe representar
seus respectivos papéis
até o fim da peça.

Nisso diferem dos suicidas
que sem a menor cerimônia
voltam as costas ao respeitável público
e saem de cena
quando bem entendem.

Do evangelho de são Jerônimo

A tradução — dizem-no com desprezo — não é a mesma coisa
 que o original.

Talvez porque tradutor e autor não sejam a mesma pessoa.

Se fossem, teriam a mesma língua, o mesmo nome, a mesma
 mulher, o mesmo cachorro.

O que, convenhamos, havia de ser supinamente monótono.

Para evitar tal monotonia, o bom Deus dispôs, já no dia
 da Criação, que tradução e original
 nunca fossem exatamente a mesma coisa.

Glória, pois, a Ele nas alturas, e paz, sob a terra, aos
 leitores de má vontade.

Promissória ao bom Deus

NÃO TE AMAREI sobre todas as coisas, mas em cada uma delas, por mínima que seja. É o que compete aos poetas fazer.

NÃO TOMAREI teu nome em vão, mesmo porque nome é coisa séria. Inclusive os feios, que, ditos por dá cá aquela palha, perdem muito da sua eficácia.

GUARDAREI os domingos e quantos dias de festa houver, que ninguém é de ferro, como descobriste no sexto dia da Criação.

SEMPRE HONREI pai pela paciência e mãe pela ternura com que me agüentaram, a não ser por dois ou três cascudos tão a contragosto que mais pareciam carícias disfarçadas.

SÓ MATAREI no sentido figurado da palavra — matar o bicho, matar o tempo — por mais forte que seja a tentação do sentido próprio durante o horário eleitoral gratuito.

NÃO PECAREI contra a casta idade assim que lá chegar. Por enquanto estou só a caminho, Senhor!

NÃO FURTAREI, salvo se se tratar de uma boa idéia ou de um adjetivo feliz que possa trazer um pouco de brilho à minha fosca literatura.

NÃO LEVANTAREI falso testemunho de ninguém, muito menos de ti, que hás por certo de preferir um agnóstico fora do teu templo a um vendilhão dentro dele.

NÃO COBIÇAREI coisas alheias. Deixo-as todas para os filisteus do meu país, fascinados pelas quinquilharias do que, enchendo a boca, eles chamam de primeiro mundo.

NÃO DESEJAREI a mulher do próximo nem a do remoto. Como sabes, jamais tive paciência de esperar na fila.

EM SUMA, Senhor, vou fazer o humanamente possível para seguir teus mandamentos. Mas desculpa, agora e na hora de nossa morte, qualquer eventual escorregão nas cascas que o Diabo espalhou a mancheias pelo nosso caminho depois de ter comido todas as frutas do teu, para sempre perdido, Paraíso.

Duas refábulas

Cigarra, Formiga & Cia.

Cansadas dos seus papéis fabulares, a cigarra e a formiga resolveram associar-se para reagir contra a estereotipia a que haviam sido condenadas.

Deixando de parte atividades mais lucrativas, a formiga empresou a cigarra. Gravou-lhe o canto em discos e saiu a vendê-los de porta em porta. A aura de mecenas a redimiu para sempre do antigo labéu de utilitarista sem entranhas.

Graças ao mecenato da formiga, a cigarra passou a ter comida e moradia no inverno. Já ninguém a poderia acusar de imprevidência boêmia.

O desfecho desta refábula não é róseo. A formiga foi expulsa do formigueiro por lhe haver traído as tradições de pragmatismo *à outrance* e a cigarra teve de suportar os olhares de desprezo com que o comum das cigarras costuma fulminar a comercialização da arte.

Altos e baixos

Um homem apaixonado pelo céu andava o tempo todo de rosto para cima, a contemplar as mutáveis configurações das nuvens e o brilho distante das estrelas.

Nesse embevecimento, não viu uma trave contra a qual topou violentamente com a testa. Um amigo zombou da sua distração, dizendo que quem só quer ver estrelas acaba vendo as estrelas que não quer.

Espírito previdente, esse amigo vivia de olhos postos no chão, atento a cada acidente do caminho. Por isso não pôde ter sequer um vislumbre da maravilhosa fulguração do meteoro que um dia lhe esmagou a cabeça.

Salomé

à dançarina do Arábia

Mas o que é que se agita
nas roscas do teu ventre
e faz dele um ninho
vivo de serpentes?

Mas o que é que desliza
por teus braços acima
e lhes põe uns coleios
de corda assassina?

Mas o que é que te morde
feroz os calcanhares
e se assanha mais
e mais ao girares?

À espada que
sobre os seios sustentas,
que João não quereria
curvar a cabeça

para a ver decepada
num prato, mas sempre
com os olhos cegos fitos
na dança do teu ventre?

Perguntas

Por que três reis magos
guiados por uma estrela
vão até o lugar
onde está esse menino
que supõem divino?

E os pastores, por que
deixam nas cabanas
seus filhos pequeninos
para juntar-se aos magos
e cantar hosanas?

Será que esse menino
já não tem o que precisa?
Um berço de palha,
vaca, burro, mãe
e seu próprio destino?

— Uma cruz de madeira,
uma esponja de fel,
três cravos, cinco chagas
e mais uma mortalha
como qualquer mortal?

Mas serão cruz, fel e cravos
a palavra final?
Então por que estrela,
magos e pastores
em sempre outro Natal?

GAMMA

A braços com um problema

Acordei quando senti meu braço esquerdo soltar-se do ombro a que sempre estivera preso.

Que transtorno!

No dia seguinte eu precisava comparecer ao meu baile de formatura. Como explicar a repentina desaparição do braço?

Embrulhei-o numa folha de jornal e saí à procura do médico da cidade. Não estava em casa, tinha ido para o clube.

Lá não me deixaram entrar com o pacote. Poderia ser uma bomba e estava-se às vésperas da eleição da nova diretoria.

Voltei desolado para casa. Deitei-me e tentei soldar o braço com um pouco do sangue que ainda não secara de todo.

Pelo jeito deu certo. Quando tornei a acordar, surpreendi-me abafando com a mão esquerda um bocejo de astuta satisfação.

Desencontros

à memória de Kurt Weill
à lembrança de Gilberto Mendes

tão cedo
cedo demais

sempre tão cedo
sempre tão cedo
demais

tão tarde
tarde demais

sempre tão tarde
sempre tão tarde
demais

tão sempre
sempre demais

sempre tão cedo
sempre tão tarde
sempre jamais

Glauco

Nas duas vezes que voltei a Curitiba
não o encontrei.
Numa tinha viajado para o Rio
na outra tinha viajado para a morte.

E nem havia mais onde encontrá-lo:
o Belas Artes fechara
a redação de *O Dia* sumira-se no ar
as pensões eram terrenos baldios.

Desarvorado me sentei à mesa
de uma confeitaria na esperança — vã —
de que algum sobrevivente de outros tempos
viesse dar notícias dele.

Só a caminho do aeroporto tive
um relance dos seus óculos kavafianos
mas sem os olhos risonhos
por detrás das lentes:

livres embora da miopia do corpo
seus olhos continuavam no encalço
da eterna
      fugaz
           inatingível
                  Beleza Adolescente.

Ex-impromptu

de onde vem este escolho
entre a mão e o olho?

por que tão rápida a hora
do aqui e agora?

entre o querer e o fazer
cabem quantos talvez?

ah, a bela imediatez...

De malas prontas

Vários dos seus amigos mortos dão hoje nome a ruas e praças.
Ele próprio se sente um pouco póstumo quando conversa com gente jovem.
Dos passeios, raros, a melhor parte é a volta para casa.
As pessoas lhe parecem barulhentas e vulgares. Ele sabe de antemão tudo quanto possam dizer.
Nos sonhos, os dias da infância são cada vez mais nítidos e fatos aparentemente banais do seu passado assumem uma significância que intriga.
O vivido e o sonhado se misturam agora sem lhe causar espécie.
É como se anunciassem um estado de coisas cuja possível iminência não traz susto.
Só curiosidade. E um estranho sentimento de justeza.

Prudência

Há um cachorro ganindo dentro da minha perna esquerda.

Mal o posso ouvir, embora sinta ali o tempo todo a protuberância do seu focinho.

Vem-me com freqüência a tentação de abrir a carne com uma faca para que ele possa uivar livremente à lua.

Mas o medo de ter de lhe fitar os olhos me detém a mão todas as vezes.

Talvez seja mais prudente continuar ouvindo o seu ganido abafado ao longo das noites que ainda me restem.

Still life

Paisagem de fundo
geometricamente ordenada
pelas barras da porta.

As folhas novas
do arbusto,
a coluna impositiva
do relógio de sol,
a touceira (via láctea
doméstica) dos copos-de-leite.

E, encostadas ao muro,
as folhas do antúrio
feito máscaras de deuses
implacáveis,
felizmente ainda
(ganhaste mais um dia!)
benignos.

Strip-tease

Ela arranca a roupa
peça após peça e os dentes
deles lhe rasgam
a carne até o osso
          final
que o pudor das Evas-mães
teima em opor à sanha
de seus filhos-cães.

Teologia

A minhoca cavoca que cavoca.
Ouvira falar da grande luz, o Sol.
Mas quando põe a cabeça de fora,
a Mão a segura e a enfia no anzol.

Auto-epitáfio nº 2

para quem pediu sempre tão pouco
o nada é positivamente um exagero

Dúvida

Não há nada mais triste
do que um cão em guarda
ao cadáver do seu dono.

Eu não tenho cão.
Será que ainda estou vivo?

data da última gravação: 8/10/98, 17h09

1ª EDIÇÃO [2001] 1 reimpressão

ESTA OBRA FOI COMPOSTA POR RAUL LOUREIRO EM MERIDIEN, TEVE SEUS FILMES
GERADOS PELO BUREAU 34 E FOI IMPRESSA PELA PROL EDITORA GRÁFICA EM OFSETE
SOBRE PAPEL PÓLEN BOLD DA SUZANO PAPEL E CELULOSE PARA A EDITORA SCHWARCZ
EM NOVEMBRO DE 2008